Rolf Kauka's

BUSSI BÄR Kinderbibliothek

Die schönsten Tiermärchen aus aller Welt

MOE

Ein farbiges BUSSI-BÄR-KINDERBUCH für glückliche Kindertage

Originalausgabe

Konzeption, Layout und Redaktion:
Bernd Gärtig

Illustrationen: Angel Nadal und Ana Merino

Umschlagentwurf und Umschlaggestaltung:
Werbeagentur Zeuner, Ettlingen

Umschlagillustration: Ana Merino

Satz: Setzerei Franz, Bischweier

Repros: Repro-Perschke GmbH, Bruchsal

Druck und Bindung: Printer Portuguesa, Lissabon

Auslieferung in Österreich:
Pressegroßvertrieb Salzburg Gesellschaft m. b. H.,
Niederalm 300, A-5081 Anif, Österreich

Printed in Portugal 1991

ISBN 3-8118-8427-1

Inhalt

Vorwort

Beliebte, bekannte und interessante Märchen werden in diesem Bussi-Bär-Buch stimmungsvoll erzählt und sind von wunderschönen Illustrationen begleitet.
Dieses Bussi-Bär-Märchenbuch ist ein herrliches Lesevergnügen für die großen Freunde und ein Erlebnisspaß für die kleinsten Freunde vom geliebten Bussi-Bär, der seit mehr als zwanzig Jahren die Kinder in Europa begeistert.
Viele in diesem Band gesammelte Märchen haben vor Jahrzehnten das Licht der Welt erblickt, und sie leben dank Bussi-Bär, der ersten wissenschaftlich empfohlenen Spiel- und Vorschule, weiter in Millionen Kinderherzen und werden immer wieder von neuem erblühen.

Viel Spaß mit dem Märchenbuch
wünscht allen Kindern in der Welt
die BUSSI-BÄR-Redaktion

Der Kasper im Wald

Den Tag über waren die Kinder auf dem Waldspielplatz gewesen, aber abends war der Waldspielplatz leer. Der Hase Schnuppernase sprang fröhlich auf den Waldspielplatz. Plötzlich erschrak er. Da weinte jemand. Der Hase sah an den Baum gelehnt eine bunte Figur.
„Wer bist du?“ fragte Schnuppernase.

„Ich bin der Kasper von Nelli“, erzählte die Figur, und der Kasper erzählte, daß Nelli ihn zum Geburtstag bekommen hatte. Aber heute, beim Nachhausegehen, habe Nelli ihn vergessen.
„Ich kann nicht laufen. Siehst du meinen grünen Schlüssel? Ziehe mich auf, dann komme ich mit dir“, sagte der Kasper.

Der Hase schubste mit seiner Nase den Kasper und drehte an dem Schlüssel. Tatsächlich, der Kasper bewegte sich. Hand in Pfote liefen sie durch den Wald. Plötzlich lief der Kasper langsamer, und dann stand er still. „Aufziehen!“ rief er dem Hasen zu. Der Hase drehte an dem Schlüssel, und die beiden gingen weiter.
„Schnuppernase, wen bringst du denn heute mit?“ fragte die Eule, und sie flog einen Ast höher. So konnte sie den Kasper besser betrachten.
„Das ist der Kasper!“ rief Schnuppernase der Eule und dem neugierigen Hirsch zu. Und der Kasper erzählte seine Geschichte.
„Kasper, du bist schön bunt! So möchte ich auch sein“, sagte der Hirsch. Die anderen Tiere lachten: „Ein bunter

Hirsch! Den würden die Menschen sofort im Wald entdecken. Nein, du hast die richtige Farbe."
„Willst du mit uns essen?" fragte ein Vogel. „An der Grillstelle ist wieder viel für uns übriggeblieben. Sogar ein Stück Hörnchen liegt da."
„Nein, danke, essen kann ich nicht. Ich habe auch niemals Hunger. Aber einen Wunsch habe ich. Zieht mich bitte wieder auf."

Schnuppernase drehte an dem Schlüssel, und der Kasper lief zurück zum Waldspielplatz.
Am nächsten Tag kam Nelli, und sie fand ihren Kasper und trug ihn ganz schnell nach Hause.

Herr Korbes

Es war einmal ein Hühnchen und ein Hähnchen, die wollten zusammen eine Reise machen. Das Hähnchen baute einen schönen Wagen, der vier rote Räder hatte, und spannte vier Mäuschen davor. Das Hühnchen setzte sich mit dem Hähnchen drauf, und sie fuhren fort. Unterwegs begegnete ihnen eine Katze, die sprach: „Wo wollt ihr hin?“
Das Hähnchen antwortete: „Weit hinaus, wir fahren zu Herrn Korbes’ Haus.“
Die zwei nahmen die Katze mit, und zu dritt trafen sie eine Ente. Auch die Ente wollte mit der lustigen Reisegesellschaft verreisen.
Die Tiere trafen noch eine Stecknadel, und zuletzt trafen sie eine Nähnadel.
Wie sie aber zu des Herrn Korbes’ Haus kamen, war Herr Korbes nicht da.
Die Mäuse fuhren den Wagen in die Scheune, das Hühnchen flog mit dem Hähnchen auf die Stange, die Katze setzte sich auf den Kamin, und die Ente watschelte in die Küche und setzte sich im Spülbecken zur Ruhe. Die Stecknadel steckte sich in das Stuhlkissen, und die Nähnadel sprang auf das Bett und legte sich mitten ins Kopfkissen.
So vergingen zwei Stunden, und dann kam Herr Korbes nach Hause.
Herr Korbes ging an den Kamin und wollte Feuer machen. Da warf ihm die Katze das Gesicht voll Asche. Herr Korbes lief geschwind in die Küche und wollte sich abwaschen, da spritzte die Ente dem Herrn Korbes Wasser ins Gesicht. Dann wollte er sich auf den Stuhl setzen, da stach ihn die Stecknadel.

Herr Korbes geriet in Zorn und warf sich auf das Bett. Wie er aber den Kopf auf das Kissen niederlegte, stach die Nähnadel Herrn Korbes in die rechte Backe. Herr Korbes schrie fürchterlich, und er lief ganz wütend in die weite Welt.

Der Müllerjunge und das Kätzchen

„Ich bin alt und möchte nicht mehr arbeiten. Alle Knochen tun mir weh“, sagte der alte Müller eines Tages zu seinen Knechten. „Geht über das Land und sucht mir ein Pferd! Wer das beste Pferd zurückbringt, dem soll die Mühle gehören.“ So zogen die drei Burschen hinaus.

Die beiden ältesten Knechte zogen zusammen durch das Land. So ging der jüngste Knecht Hans alleine weiter. Als er durch den Wald streifte, begegnete ihm ein weißes Kätzchen.

„Wenn du mir sieben Jahre lang dienst, dann sollst du das schönste Pferd der Welt für deinen Müller bekommen“, sagte das Kätzchen.
Hans staunte. Er hatte noch nie ein sprechendes Kätzchen gesehen. Und woher wußte das Kätzchen, daß Hans ein Pferd suchte?
Doch da er nichts anderes im Sinn hatte, folgte er dem Kätzchen zu einem verwunschenen Schloß, wo es mit vielen anderen Kätzchen lebte.
Hans hackte von nun an jeden Tag Holz mit einer silbernen Axt. Am Abend verwöhnten ihn die Katzen mit Essen, Trinken und Hausmusik.
Am Morgen halfen die Katzen Hans beim Anziehen. Eine zog Hans die Strümpfe an, eine kämmte ihm die Haare, eine wusch ihn und trocknete Hans mit ihrem wuscheligen Schwanz ab.
Eines Morgens sagte das weiße Kätzchen zu Hans: „Bitte mähe meine Wiese mit der silbernen Sense und trockne das Gras.“
Als Hans das getan hatte, bat ihn das Kätzchen noch um einen zweiten Gefallen.
„Bitte baue mir ein Haus mit silbernen Nägeln in den Wänden!“ Als Hans auch das getan hatte, führte das Kätzchen ihn in den Pferdestall.
„Jetzt sind deine sieben Dienstjahre um. Zur Belohnung darfst du dir ein Pferd aussuchen.“
Hans entschied sich für einen prächtigen Schimmel.
„Nun habe ein wenig Geduld, gehe zur Mühle zurück. Morgen früh werde ich dir dein Pferd bringen.“
Dem Hans war es recht. Aber als er zu der Mühle kam, da lachten ihn die beiden anderen Knechte aus. Dabei hatten die zwei Knechte nur ein lahmes und ein blindes Pferd finden können. Der kleine Hans mußte die Nacht im Hühnerstall schlafen.

Am nächsten Tag wollte er seinen Augen nicht trauen. Eine goldene Kutsche rollte vor die Mühle, ein herrlicher Schimmel folgte ihr. Aus der Kutsche sprang eine allerliebste Prinzessin. Die Prinzessin fiel Hans um den Hals und lachte. „Ich bin das weiße Kätzchen, dem du sieben Jahre lang so treu gedient hast. Damit hast du mich von dem Zauber erlöst, den eine Hexe über mich gelegt hatte. Jetzt wollen wir heiraten und in mein Schloß ziehen.“ Schnell sprangen Diener aus der Kutsche und zogen dem Hans prachtvolle Kleider an. Hans stieg mit der Prinzessin in die Kutsche, und sie fuhren fort. Der Schimmel blieb beim Müller in der Mühle. Aber der Müller jagte die beiden Knechte noch am selben Tag fort, weil sie immer böse zum kleinen Hans gewesen waren.

Der Löwe und die Maus

Auf einem Berg lebte einsam ein gewaltiger Löwe. Dieser begegnete eines Tages einer Maus.
Mit seiner kräftigen Tatze ergriff der Löwe die Maus, die klein von Gestalt und zierlich im Aussehen war. Der Löwe wollte die Maus mit einem Hieb zerquetschen, aber die Maus sprach: „Zerdrücke mich nicht, mein Herr! Wenn du mich auffrißt, so wirst du davon nicht satt. Wenn du mich freiläßt, so wirst du keinen Hunger verspüren. Und vielleicht kann ich mich einmal dankbar erweisen und dir in der Not helfen."

Der Löwe lachte und sprach: „Wie du willst, du schwacher Knirps. Mir helfen, das wird niemals notwendig sein!“ Und der Löwe ließ das Mäuschen laufen. Das Mäuschen bedankte sich vielmals.

Ein paar Tage später ging der Löwe spazieren, und plötzlich lag der stolze Löwe in einer tiefen Grube. Ein Tierfänger hatte sie gegraben und dabei mit einem Netz Fallen gestellt. Der Tierfänger kam und wickelte den Löwen in das Netz ein, fesselte den Löwen, und der Tierfänger band den Löwen samt Netz an einen Baum.
Da hing nun der Löwe, und in seiner Not kam das kleine Mäuschen dahergetrippelt.
Das Mäuschen schaute und sprach zu dem gefesselten Löwen: „Ich habe dir, als du mich verschont hast, Dankbarkeit versprochen. Nun kann ich endlich deine gute Tat vergelten."
Das Mäuschen begann eifrig an den Stricken zu nagen und biß sie durch. Das Mäuschen biß auch das Netz auf, und der Löwe war frei.
Der Löwe war superglücklich, und er eilte zurück auf seinen Berg. Das kleine Mäuschen versteckte sich in der Löwenmähne, und so trug der Löwe das Mäuschen mit hinauf auf den Berg.
Das Mäuschen blieb viele, viele Jahre bei dem Löwen. Sie waren die treuesten Freunde, und der Löwe hielt sein kleines Mäuschen hoch in Ehren. Er brachte dem Mäuschen Nahrung, und der Löwe schützte das Mäuschen vor bösen Feinden.

Am Montag im Wald

Die Vögel flogen an diesem Montag durch den Wald und riefen: „Es ist Montag, kommt alle auf die Waldlichtung!“ Und sie kamen alle angelaufen, angekrochen oder angehüpft. Es kamen alle Tiere, die im Wald wohnten.
Hier unterhielten sie sich immer über den Sonntag, an dem die vielen Menschen im Wald spazierengehen, und sie überprüften, ob irgend jemand fehlte.
Tatsächlich! Die dicken, roten Käfer kamen nicht, und der Fuchs erzählte: „Ein großer Menschenschuh hat August, Andrea und ihre Kinder Anton und Anna gestern zertreten. Die Käferfamilie wollte noch schnell über den Weg kriechen, aber da ist es passiert. Ganz platt haben die Käfer dagelegen.“
Still beteten die Tiere für die Käferfamilie, und alle baten für eine bessere Zeit.
„Am Sonntag muß man in seinem Versteck bleiben, die Menschen sind groß und schnell. Sie trampeln, joggen und springen überall herum, wo sie nicht sollten.“ Der Fuchs und alle Tiere waren sich einig. „Schaut nur, wie verschmutzt der Wald heute wieder aussieht! Getränkebüchsen und Plastiktüten und Papiertücher, das alles haben die Menschen herumgeworfen. Dabei gehört der Wald eigentlich uns, und wir sind so gütig und lassen die Menschen in unserem Wald spazierengehen“, sprach der Fuchs, und empört unterhielten sich die Tiere über die unachtsamen Menschen.
„Hallo!“ rief es auf einmal vom Waldrand. Da stand Florentina, und das große Reh schien rundum glücklich zu sein.
Aber wie sah Florentina aus?

Erleichtert rannte ein Hase zu Florentina. „Wir hatten große Angst um dich“, sagte er, „weil du nicht pünktlich warst. Aber wie siehst du denn heute aus? Was trägst du auf der Nase?“
Florentina hatte eine lila Brille mit dunklen Gläsern auf der Nase.
„Das ist eine Sonnenbrille“, sagte Florentina stolz und kam näher. „Ich habe es gestern von einem Menschen gehört. Ja, ein Mensch muß diese Sonnenbrille verloren haben, und ich habe sie glücklicherweise gefunden.“
„Florentina, ich habe richtig Angst vor dir“, sagte das Eichhörnchen. „Ohne das Ding siehst du viel schöner aus. So sieht man ja deine schönen großen Rehaugen nicht.“
„Simmt!“ riefen die anderen Tiere. Da erzählte Florentina, daß sie durch die Sonnenbrille alles ganz dunkel sehe. „Die Sonne ist gar nicht mehr so hell“, sagte das Reh. „Warum sind die Menschen bloß so dumm und wollen die schöne Sonne nicht sehen? Wollen die Menschen, daß es immer Nacht ist?“

Florentina legte die Brille auf den Waldboden, und schon kamen alle Tiere neugierig angerannt und wollten durch die Sonnenbrille schauen.
Da kam der Rabe geflogen und meinte: „Wir brauchen so ein Ding nicht. Aber Erna, die Eule, die kann ja nur gucken, wenn es dunkel ist. Wenn wir ihr die Sonnenbrille geben, dann kann Erna auch am Tage sehen. Das wäre doch super!"
Richtig, die Sonnenbrille müßte etwas für Erna sein. Aber wer brachte sie der Eule?
Es war der Rabe. Er pickte die Brille mit dem Schnabel auf, ließ sie wieder fallen, versuchte es noch einmal. Es klappte. Jetzt flog der Rabe damit hoch hinauf auf den Baum zu Erna.
Und wie an jedem Tag schlief die Eule. Erna schlief ganz fest, und als sie endlich aufwachte, versuchte ihr der Rabe die Brille aufzusetzen. Aber immer wieder rutschte die Brille von Ernas Kopf. Die Eule Erna hatte zu kleine Ohren. Die Eule war jetzt richtig wach geworden, und sie war gar nicht traurig, daß sie keine größeren Ohren hatte. Erna meinte zum Raben: „Ich brauche das Ding nicht. Ich will am Tage schlafen, damit ich in der Nacht herumfliegen kann."
Und schwapp, flog die Sonnenbrille hinunter, mitten ins Gestrüpp.
Weg war die Sonnenbrille.
„Ist ja egal", dachte der Rabe, „keiner von uns braucht sie. Wir sehen uns lieber die Welt so an, wie sie ist, nämlich hell und bunt."

Das schönste Krokodil vom Nil

Im fernen Ägypten lebte am Strand des Nils ein Krokodil. Es war ein schönes, kräftiges und ziemlich graugrünes Krokodil. Seine Augen waren kugelrund, wenn sie offen waren. Sein Maul war gewaltig groß, wenn das Krokodil gähnte.

Eines Tages, als das Krokodil mal wieder bei brütender Hitze halb im Wasser und halb im Sand lag und vor sich hin döste, raffte es sich auf, wenigstens ein Auge aufzumachen. Was es da sah, regte unser Krokodil so auf, daß es nun entschlossen auch das zweite Auge aufmachte. Unser Krokodil bewegte sich langsam auf das fremde Ding zu und belauerte es eine Weile.

Das Ding bewegte sich kein bißchen. Es lag einfach da, groß, rund und geblümt. Da entschloß sich unser Krokodil, das Ding aufzuheben.

Es war ein Sonnenschirm, aufgespannt und mit Fransen ringsherum.

„Entzückend", grunzte das Krokodil vor sich hin. „Einfach entzückend!" Und das Krokodil ging mit dem Sonnenschirm spazieren.

Und dieser Fund hat das Krokodil verändert.
„Ich bin das schönste Krokodil vom Nil“, sang es provozierend und stolzierte aufrecht mit dem Sonnenschirm am Strand entlang. Dabei wurde sein Gang immer leichter, immer graziöser! Ja, man kann sagen, fast war es am Tänzeln.
Alle Krokodile im Wasser schauten diesem einmaligen Schauspiel zu.
Plötzlich fuhr ein großer Geländewagen mit zwei Männern heran. Die Krokodile ahnten sofort die Gefahr und tauchten unter.
Nur das tänzelnde, sonnenschirmtragende Krokodil war ganz still mit sich beschäftigt. Es erwachte erst aus seiner Träumerei, als es samt Sonnenschirm in einem Netz gefangen war.
„So ein tanzendes, sonnenschirmtragendes Krokodil ist doch etwas wert“, sagten die Männer, und sie verkauften das Krokodil an einen Zirkus.
Dort war ein Mann, der sich mit dem Krokodil sehr viel beschäftigte, und der Mann nannte es Kroko.
Der Mann bestätigte Kroko täglich, daß Kroko das schönste Krokodil sei. Da Kroko ihn nicht enttäuschen wollte, tanzte das Krokodil jeden Tag im Zirkus den Zuschauern einen heiteren Sonnenschirmtanz vor.
„Eigentlich“, so grunzte Kroko vor sich hin, „kann ich sehr zufrieden sein. Schließlich bin ich das schönste Krokodil vom Nil.“

Die dicken Hühner und die Bäuerin

Auf einem Bauernhof am Dorfrand gackerte eine Schar Hühner. Jeden Tag legte jedes Huhn ein schönes großes Ei.

Die Bäuerin freute sich riesig darüber.

Doch eines Tages, als sie wieder die Eier einsammelte, hatte die Bäuerin eine Idee: Wenn jedes Huhn jeden Tag ein Ei legt, und ich habe genau zehn Hühner, so

sind das in einer Woche sieben mal zehn Eier. Ich könnte aber leicht das Doppelte verdienen, wenn ich den Hühnern doppelt soviel Futter geben würde, denn dann würden meine Hühner auch doppelt so viele Eier legen.
Freudig ging die Bäuerin in die Küche, nahm Bleistift und Papier und rechnete.
„Fein, ich könnte zwanzig Eier einsammeln, und das wären einhundertvierzig Eier pro Woche!“ rief die Bäuerin erfreut. „Eine Menge Geld bekomme ich, wenn ich die Eier auf dem Markt verkaufe.“
Bereits am nächsten Morgen gab die Bäuerin den Hühnern die doppelte Körnermenge. Die Hühner freuten sich sehr darüber, hockten sich vor den gefüllten Napf und fraßen sich satt.

Die Hühner wurden dicker und dicker und so faul, daß sie kaum noch laufen konnten, und sie waren auch zu faul zum Eierlegen. Erst legten sie jeden zweiten Tag ein Ei, dann nur noch ein Ei in der Woche, und schließlich legten sie keine Eier mehr. Das ärgerte die Bäuerin. Sie schimpfte mit den Hühnern, und die Bäuerin gab ihnen kein Futter mehr. Und siehe da, die Hühner wurden schlanker und schlanker. Und eines Tages fingen die Hühner wieder an, jeden Tag ein Ei zu legen. So konnte die Bäuerin wieder Eier auf dem Markt verkaufen. Aber reich wurde die habgierige Bäuerin davon niemals.

Der alte Hahn

Auf einem Bauernhof lebte einmal ein alter Hahn, der den Sonnenaufgang seit Tagen verschlief.
„Guten Morgen, Langschläfer! Auch schon aufgestanden?“ grunzte das Schwein, und seine eigenen Hennen lachten den alten Hahn aus.
Das ärgerte den alten Hahn, und er schämte sich. Mürrisch und übel gelaunt saß er in der Sonne und dachte nach. „Das passiert kein zweites Mal“, nahm der alte Hahn sich vor.
Als er sich am Abend zu den Hennen in den Hühnerstall hockte, traute er sich nicht zu schlafen. Stunden vergingen, und draußen wanderte der Vollmond über den hellen Himmel.
„Kikerikiii“, krähte stolz der Hahn, doch da rannte der Bauer aus dem Haus und schimpfte. Erst jetzt merkte der Hahn, daß es Nacht war und der Mond schien.

Die Silberente

Der kleine See lag inmitten einer schönen grünen Landschaft. Hohes Schilf wuchs wie ein Saum um einen großen Teil des flachen und immer blaugrünen, klaren Wassers.
Viele Tiere wohnten hier, Frösche, Libellen und allerlei Vögel. Besonders aber gab es viele Enten.
Eine Ente war unumstritten die schönste. Natürlich wußte sie das. Natürlich glaubte sie mit Recht, stolz und arrogant sein zu dürfen.
Die Ente hielt sich für etwas Besonderes, und das wußten auch die anderen Enten, und das mußte auch ein Enterich erfahren. Immer wieder versuchte der Enterich, das Herz der schönen Ente für sich zu gewinnen. Er schwamm in sanften Bögen um die Ente herum, er tauchte und suchte nach Leckerbissen, um sie ihr zu schenken. Ja, er putzte sogar ihr Gefieder mit seinem Schnabel und fettete ihr die Federn ein. Gewiß war das der schönen Ente immer sehr, sehr angenehm.
Doch sollte sie deshalb gleich seine Frau werden? Nein! Die schöne Ente wartete auf einen Prinzen. Das stimmte den Enterich unsagbar traurig.
Da kam ein ereignisreicher Tag auf die Enten am See zu. Denn an jenem herrlichen Sommertag erschien ein kleines Mädchen mit seiner Mama am See. Sie fuhren mit den Fahrrädern her, breiteten eine Decke aus, machten ein kleines Picknick und badeten an einer Stelle im See.
Natürlich hatten sich alle Enten, Vögel und Frösche in ihre Nester und Verstecke im dichten Schilf zurückgezogen, denn sie hatten Angst vor den beiden. Die Seetiere waren Menschen nicht gewohnt an ihrem ein-

sam gelegenen See. Doch sie beobachteten die beiden und waren ganz erstaunt, daß das kleine Mädchen eine silberglänzende Ente in das Wasser trug.
Nach lustigem Planschen und Spritzen rannten die Mama und ihre kleine Tochter lachend zu den Fahrrädern, zogen sich schnell an, und die beide fuhren singend weiter.
Zurück aber blieb die silberne Ente, die ruhig und lautlos auf dem blaugrünen Wasser schwamm.
Als erste wagte sich die schöne Ente aus dem dichten Schilf.
„Mein Prinz, er ist gekommen, um mich, die schönste aller Enten, zu heiraten“, schnatterte die Ente ganz hingerissen vom Anblick der Silberente. Natürlich hatte die schöne Ente ein bißchen Herzklopfen, als sie auf die Silberente zuschwamm. Doch gleichzeitig dachte sie auch, daß sie lange genug auf diese wunderbare Be-

gegnung mit dem Prinzen gewartet hätte. Jetzt wollte sie nicht zaghaft sein und ihr Glück in beide Entenfüße nehmen. Während sie auf dem See ihrem Entenglück entgegenschwamm, brach die Dämmerung herein, und ein heller Mond stieg am Himmel auf. Der Glanz der Silberente war unbeschreiblich. Die schöne Ente schwamm mit vor Glück halbgeschlossenen Augen in großen Bögen um ihren Prinzen herum, und sie wartete voll Sehnsucht darauf, daß der Prinz sie anschnattern, oder wenigstens mit den Flügeln schlagen würde. Alle anderen Tiere blieben an diesem Abend in ihrem Ver-

steck und beobachteten von dort das Schauspiel im Mondlicht. Und so vergingen die Stunden. Die schöne Ente schwamm um ihren Prinzen sanfte Bahnen, und die anderen Tiere schliefen ein.
Auch der verliebte Enterich schlief ein. Doch als er am anderen Morgen erwachte und seine Ente wieder erblickte, schnatterte er wütend: „Was will die mit dem Angeber? Wie kommt der Silberboy hierher? Wieso kann er schwimmen, wenn er nicht mal Federn hat? Vielleicht ist das ein Fisch? So silbrig wie der glänzt!"
Da, als seine innere Wut und Eifersucht ihren Höhepunkt erreichten, hielt es ihn nicht mehr in seinem Versteck. Mit vorgestrecktem Hals und laut drohend

schnatternd und zornig mit den Flügeln schlagend, rannte der Enterich mit seinen tapsigen Entenfüßen über das Wasser auf die Silberente zu!
Entsetzt hielten die anderen Enten den Atem an. Auch die schöne Ente fuhr erschrocken aus ihrer morgendlichen Träumerei hoch. Mit einem einzigen gezielten Biß seines Schnabels bewirkte der Enterich, daß die Silberente zusammenschrumpfte. Erst der Kopf, dann der Körper, und dann schwamm nur noch ein trauriges, in

sich zusammengefallenes Stück Silberfolie auf dem Wasser. Alle Enten brachen erleichtert in ein bewunderndes Geschnatter aus und feierten den Enterich als großen Helden. Der schwamm stolz noch ein paar Ehrenrunden.
Die schöne Ente schämte sich, daß sie sich von einem silbernen Gummitier hatte den Kopf verdrehen lassen und vor lauter Glanz die wahre Sache nicht erkannt hatte. Sie mußte den ganzen Tag weinen.
Doch als sie sich nach einsamen Stunden aus dem Versteck herauswagte, da wartete schon der Enterich auf sie. Zärtlich ordnete er ihre zerzausten Federn. Diesmal war sie sehr glücklich darüber. „Und überhaupt“, so dachte sie, „er ist eigentlich ein wirklich schöner Enterich. Ich glaube, er paßt gut zu mir!“
Von da an waren die beiden ein unzertrennliches Paar.

Pompa, der kleine drollige Elefant

Die fremden Männer, die in den Urwald gekommen waren, verbreiteten unter den Elefanten Angst und Schrecken, denn die Männer jagten und fingen die Elefanten. Die Elefanten rotteten sich zu einer Herde zusammen und trampelten Körper an Körper davon, so schnell sie konnten. Sie dachten, aus einer Herde könnte man so schnell keinen Elefanten fangen. Aber die Männer hatten ihre Erfahrungen, und sechs große Elefanten hatten sie in einer Woche bereits gefangen. „Eigentlich sind wir fertig", sagte einer und wischte sich den Schweiß vom Kopf.

„Warte", meinte ein anderer Mann. „Wir wollen noch den kleinen Elefanten dort hinten fangen. Siehst du ihn?"

Pompa, der kleine Elefant, spürte instinktiv die Gefahr. So schnell er mit seinen dicken Beinen rennen konnte, rannte er, aber die Männer kamen näher und näher. Dann spürte Pompa einen kleinen Schlag, taumelte und sank nieder mitten in das wirre Gebüsch. Die Männer hatten Pompa mit einem Geschoß nur betäubt und brachten ihn nun zu den anderen Elefanten.

Am nächsten Tag wurden die Elefanten auf ein Schiff verladen. Mit seinen kleinen Augen blickte Pompa ängstlich zu den fremden Männern um ihn herum. Waren sie gut oder böse?
Pompa konnte das nicht erkennen. Er war in einer riesigen Kiste gefangen, und er wurde auf ein Schiff geladen. Auf der langen Überfahrt zergrübelte Pompa sein Elefantengehirn, wie es wohl in seinem Leben weitergehen würde. Er dachte wehmütig an den Urwald. Ja, im Urwald konnte Pompa frei herumlaufen, und er konnte fressen, was er wollte.
Nach einigen Tagen holten ihn Männer aus seinem dunklen Verschlag heraus, zogen Pompa vom Schiff und stießen ihn an Land in einen Güterzugwagen.

Wieder ging eine Fahrt los. Tagelang kümmerte sich niemand um Pompa. Endlich öffnete ein kleiner, buntgekleideter junger Mann die Tür des Güterwagens. „Da ist er ja!“ rief der kleine Mann. „Armer Kerl! Die Männer haben vergessen mir zu sagen, daß du bereits seit drei Tagen da bist. Aber jetzt kommst du zu uns in den Zirkus. Da wirst du es gut haben.“
Pompa verstand nichts, aber die Stimme tat ihm gut. Er freute sich riesig, daß jemand ihn streichelte und mit ihm redete. Glücklich trampelte Pompa hinter dem bunten Mann aus dem Güterwagen. Dann folgte Pompa dem bunten Mann zu einem großen Platz. Viele Menschen und bunte Wagen waren hier. Pompa hörte auch Musik. Und immer wieder hörte Pompa das Wort „Zirkus“, aber er wußte nicht, was das ist. Und die Menschen sagten zu seinem bunten Freund immer wieder „Clown“. Jedenfalls war es hier ganz anders als im Urwald. Am liebsten wollte Pompa wieder heim. Aber das ging nicht.
In den nächsten Tagen sah Pompa auch andere Elefanten. Die Elefanten trompeteten mit ihren Rüsseln, und Pompa trompetete auch. Wie schön, Pompa war nicht alleine hier. Viele andere Tiere waren auch da, und allen Tieren schien es im Zirkus zu gefallen. Auf jeden Fall gab es im Zirkus regelmäßig ein sehr gutes Futter.
In den nächsten Wochen war Pompa sehr viel im großen Zirkuszelt, um etwas zu lernen. Es ging zwar nicht so schnell, aber mit der Zeit wußte Pompa, wann er den roten Lappen mit seinem Rüssel vom Boden aufheben und dem lustigen bunten Clown geben mußte. Pompa lernte auch, seine Vorderbeine auf eine bemalte runde Kiste zu stellen und ein Bein hochzuheben. Und dann konnte Pompa sich sogar hinsetzen. Das Aufstehen war am schwersten, aber immer danach gab es einen Lekkerbissen.

Ja, Pompa hatte fleißig geübt, und eines Tages tätschelte der Clown seine dicke Haut. „Heute abend darfst du auftreten." Was mochte das nun wieder sein, auftreten? Bald wußte es Pompa. Hinter den großen Elefanten durfte er in das Zelt marschieren. Viel mehr Lichter leuchteten als am Tag, und Kinder lachten und applaudierten. Wie immer spielte eine Kapelle. Pompa kannte die Melodie. Gleich würde er den Lappen aufheben und hinterher einen Leckerbissen bekommen. Die Leute klatschten, als Pompa mit dem Lappen in der Manege stand. Und wie die Kinder, Frauen und Männer erst klatschten, als Pompa seine Vorderbeine auf eine Kiste stellte! Zufrieden ging Pompa nach der Vorstellung in seinen großen Käfig. Manchmal dachte er an den Urwald. Aber das war nun Vergangenheit. Seine Heimat war nun der Zirkus, und alle Kinder liebten Pompa.

Der Kranich und die Krähe

Der Kranich war ein großer Fischer. Er pflegte die Fische unter den Baumstämmen im Fluß mit den Füßen herauszujagen und auf diese Weise eine große Anzahl Fische zu fangen.

Als er eines Tages wieder viele Fische am Ufer beisammen hatte und an einem Feuer briet, kam die Krähe herbei, die damals noch ganz weiß war. Die Krähe bat den Kranich um einige Fische.

„Warte noch ein wenig, bis die Fische gar sind", sagte der Kranich.

Aber die Krähe war hungrig und sehr ungeduldig. Sie quälte den Kranich fortwährend. Der Kranich jedoch antwortete immer wieder: „Warte! Warte ein wenig, bald sind die Fische gar."

Einmal wandte der Kranich sich um und kehrte der Krähe der Rücken. Da schlich die Krähe zu den Fischen und wollte heimlich einen wegnehmen. In diesem Augenblick wandte der Kranich sich wieder um, und er sah den Dieb. Entzürnt nahm der Kranich einen Fisch und schlug den Fisch der Krähe einige Male um die Ohren.

Die Krähe war jetzt wie betäubt und konnte nichts sehen. Die Krähe stolperte und fiel in das verbrannte Gras der Kochstelle. Die Krähe wälzte sich jetzt vor Schmerzen. Als sie wieder zu sich kam und wegflog, waren ihre Augen weiß, und ihr Gefieder war schwarz geworden.

Ja, und seitdem sehen alle Krähen schwarz aus.
Die Krähe grübelte und grübelte, und sie wartete nun auf eine Gelegenheit, um sich an dem Kranich zu rächen.
Und als dieser eines Tages am Ufer eingeschlafen war und schnarchte, schlich die Krähe ganz leise mit einer Fischgräte herbei und steckte diese Fischgräte dem Kranich unter das Zungenbein.
Als der Kranich erwachte und den Schnabel öffnete, um recht herzhaft zu gähnen, spürte der Kranich ein unangenehmes Gefühl im Hals. Der Kranich versuchte, den eingedrungenen Fremdkörper durch Räuspern loszuwerden.
Es war vergeblich. Der Kranich vermochte nur sonderbare kratzende Geräusche und Töne von sich zu geben. Die Gräte blieb stecken.
Daher ruft der Kranich bis heute mit heiserer Stimme:
„Ga-ra-ga, ga-ra-ga!“

Das unerfahrene Mäuschen

Eine alte Maus ging eines Tages aus. Da sagte sie zu ihrem Töchterchen: „Halte dich brav zu Hause auf, damit die Katze dich nicht erwischt!"
Nach dieser Ermahnung ging die Maus aus dem Haus. Die junge Maus fand es bald langweilig in der engen Behausung, und sie beschloß auszugehen, um zu sehen, was die Katze eigentlich für ein Tier sei.
Das Mäuschen kroch aus dem Loch heraus und kam auf den Hof des Bauernhauses. Da lag auf der Erde ein Schwein und sonnte sich. Das Mäuschen dachte, das

ist gewiß die Katze. Neugierig tippelte es näher, und das Mäuschen kroch auf das Schwein.
Das Mäuschen biß das Schwein ins Ohr, und das Schwein grunzte laut. Das Mäuschen freute sich und fragte: „Hast du Angst vor mir?“
„Freilich habe ich Angst vor dir“, antwortete das Schwein. Vergnügt kroch das Mäuschen in sein Häuschen zurück.
Als die Maus das nächstemal wieder ausging, versäumte sie nicht, das Töchterchen wieder vor der gefährlichen Katze zu warnen.
Das Mäuschen ging wieder auf Entdeckungsreise und ging diesmal vor den Bauernhof. Es lief die Straße entlang und betrat den Zoo. Im Zoo traf das Mäuschen einen Elefanten. Das Mäuschen sah das riesige Tier mit dem langen Rüssel und dachte, das ist aber eine sonderbare Katze, die hat ja zwei Schwänze. Da weiß kei-

ner, wo vorne und wo hinten ist. Das Mäuschen faßte sich Mut, huschte zum Elefanten hin und kroch an ihm hinauf.

Jetzt sah das Mäuschen, wo der Kopf war. Das Mäuschen setzte sich zuerst auf ein Ohr, und es dachte an das Schwein. Ja, der Elefant hatte größere Ohren als das Schwein. Der Elefant zuckte fortwährend mit einem Ohr. Das Mäuschen kroch in das Ohr hinein und biß den Elefanten. Der brüllte laut vor Schmerzen, und der Elefant hatte mächtig Angst. Und was passierte, als das Mäuschen einmal eine Katze traf? Die Katze machte einen Satz, packte das Mäuschen und fraß es.

Der Fuchs und das Pferd

Es hatte einmal ein Bauer ein treues Pferd, das war alt geworden und konnte keine Dienste mehr tun. Der Bauer wollte dem Pferd nichts mehr zu fressen geben und sprach: „Brauchen kann ich dich freilich nicht mehr, aber ich meine es gut mit dir. Zeigst du dich noch so stark, daß du mir einen Löwen hierherbringst, so will ich dich behalten. Jetzt aber verschwinde aus meinem Stall!“

Und der Bauer jagte das Pferd auf das weite Feld. Das Pferd war traurig und ging in den Wald. Es suchte

Schutz vor dem Regenwetter. Im Wald begegnete dem Pferd der Fuchs und sprach: „Was hängst du so den Kopf und gehst einsam herum?“
Das Pferd erzählte, was der Bauer verlangte.
Der Fuchs sprach: „Da will ich dir helfen. Lege dich nur hin, strecke dich aus und rege dich nicht. Tu so, als wärst du tot!“
Das Pferd tat, was der Fuchs verlangte.
Da ging der Fuchs zum Löwen, der seine Höhle nicht so weit davon hatte, und sprach: „Draußen liegt ein totes

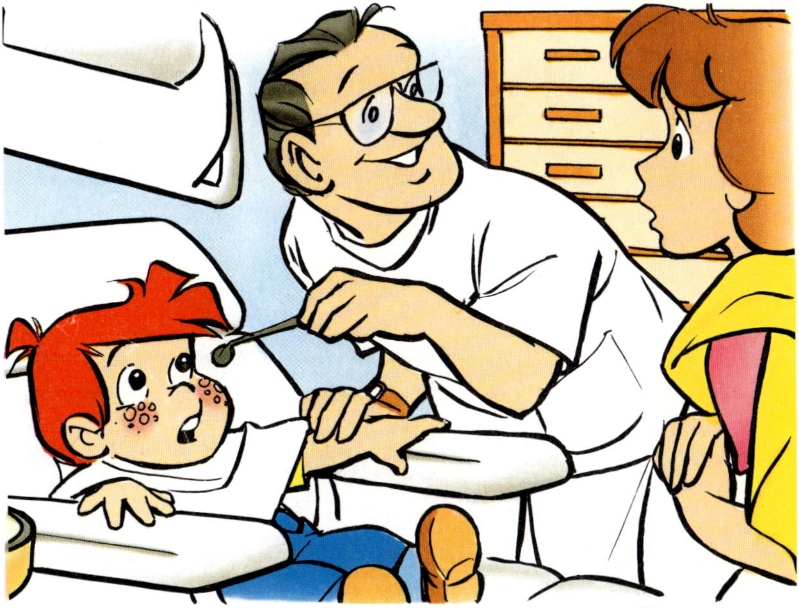

Mutti schnappt sich ihren Peter.
„Auf zum Zahnarzt, kein Gezeter!“
Liese winkt, sie findet es scharf,
daß sie dem Vati helfen darf.

Jeder sieht, daß sie beglückt ist,
weil der Vati so geschickt ist.
Als ein patenter Ehemann
näht Vati selbst die Knöpfe an.

Liese ist total begeistert,
wie ihr Paps die Lage meistert,
und sie sagt mit nettem Lachen:
„Das darfst du jetzt öfter machen!“

Vati freut sich über Liese.
Froh und gut gelaunt meint diese
nun voller Lebenslust zu ihm:
„Ja, wir zwei sind ein tolles Team!“

Pferd. Komm mit hinaus, und laß uns eine fette Mahlzeit halten!" Der Löwe ging mit, und wie beide bei dem Pferd standen, sprach der Fuchs: „Warum sollen wir hier in dieser öden Umgebung speisen? Weißt du was? Ich werde den Schweif an dich binden, so kannst du das Pferd in deine Höhle ziehen und in aller Ruhe verzehren."

Dem Löwen gefiel der Rat. Er stellte sich hin, und damit ihm der Fuchs das Pferd festknüpfen könnte, hielt der Löwe ganz still.

Der Fuchs aber band mit des Pferdes Schweif dem Löwen die Beine zusammen und drehte und schnürte alles so, daß es mit keiner Kraft zu zerreißen war. Als der Fuchs sein Werk vollendet hatte, klopfte er dem Pferd auf die Schulter und sprach: „Zieh, Pferd, zieh!"

Da sprang das Pferd blitzschnell auf und zog den Löwen mit sich fort.

Der Löwe fing an zu brüllen, und alle Vögel im Wald hörten ihn. Vor Schreck flogen die Vögel aus dem Wald. Das Pferd grinste, und es ließ den Löwen brüllen. Das Pferd schleppte und zog den Löwen durch den Wald und über das Feld vor das Haus seines Herrn.

Der Bauer öffnete die Tür und schaute sehr verwundert, aber erfreut zugleich. Natürlich besann sich der geizige Bauer eines Besseren, und er sprach zu dem Pferd: „Du sollst bei mir bleiben und du sollst es sehr gut haben."

So gab der geizige Bauer dem starken Pferd noch viele Jahre guten Hafer zum Fressen und alles, was das Pferd von Herzen begehrte.

Das verlorene Äffchen

Ach, wie schwer und himmlisch süß roch der Urwald hier, sicher kam das von den großen weißen Blüten da vorne am Baum. Feucht war es und unwegsam. Alles wuchs durcheinander, hohe und niedrige Bäume, dicke Sträu-

cher und saftige Blätter und viel, viel hohes Gras. Und in dem Urwald gab es keine Wege, keine Brücken und keine Stege.
Natürlich lagen im Urwald auch umgefallene Bäume, die keiner wegräumte. Aber den vielen Tieren, die hier wohnten, machte das nichts aus. Die Tiere fühlten sich wohl in ihrem Urwald.

Laut und glücklich kreischten die Tiere. Die ganz lauten Töne gaben die buntgefiederten Papageien von sich. Das laute Trompeten ertönte von der Elefantenherde, und dazu zwitscherten Hunderte von kleinen buntgefiederten Vögeln.
Für alle Tiere gab es im Urwald genug zu fressen. Beeren, Blätter, aber auch andere Tiere wie Raupen und Käfer waren die bevorzugte Nahrung. Oder die Schlange, die sich schnell dort unten durch das Blattwerk wand, war auf der Jagd immer nach kleinen Mäusen aus.
Dort hinten bei den anderen Affen spielte auch Lottchen. Lottchen war eine glückliche Affenmutter. Sie hatte ein süßes, gesundes Baby. Das Baby trug Lottchen auf dem Rücken. Das Baby klammerte sich fest um Lottchens Hals, und es konnte so alle kleinen und große Sprünge mitmachen.

Lottchen war immer guter Laune. Sie kreischte vor Vergnügen und zeigte dabei ihre großen Zähne.
Jetzt sprang Lottchen von einem Baum zum anderen, ruhte sich einen Augenblick aus und wippte dabei auf den Ästen. Dann knabberte Lottchen an den dicken, grünen Blättern, und sie gab ihrem Affenbaby davon zu fressen. Dann sprang Lottchen weiter, weg von den anderen Affen. Nanu, wohin wollte Lottchen heute?

Nun, Lottchen sprang und sprang, sie wollte gewiß einen weiten Ausflug unternehmen. Genau, Lottchen wollte zu dem Baum mit den dicken, roten Beeren. Die roten Beeren schmeckten Lottchen immer sehr gut.
Es sah so aus, als ob Lottchen fliegen könnte, so schnell sprang sie von einem Baum zum nächsten. Da war genau der Baum, den Lottchen schon lange verzweifelt gesucht hatte.

Genüßlich knabberte Lottchen die dicken roten Beeren. Lottchen gab zwischendurch immer wieder eine Beere ihrem kleinen Baby. Die Affenmutter Lottchen fraß sich voll, bis sie endlich satt und faul war. Am allerliebsten wollte Lottchen jetzt hier schlafen. Aber sie mußte heim. Lottchen sprang zurück zu den anderen Affen. Als sie dort ankam, fühlte Lottchen sich plötzlich sehr leicht. Die kleinen Affenhände um ihren Hals waren nicht mehr da. Lottchen fing an, laut zu schreien. Die Affenmutter schrie so laut sie konnte: „Hilfe, Hilfe ich habe mein Baby unterwegs verloren. Wo ist mein Baby? Freunde, kommt alle her! Bitte, bitte, helft mir suchen!"
Die Tiere kamen sofort alle zu Lottchen, und sie wollten der Affenmutter suchen helfen.
Ja, das Affenbaby war weit weg. Ein kleiner Elefant kam zu dem Baum mit den dicken, roten Beeren. Der kleine Elefant suchte mit seinem langen Rüssel auf dem Boden nach etwas Eßbarem.
Nanu, was war denn das? Das kleine da vorn, das war ja ein Affenbaby. Der kleine Elefant schüttelte seinen großen Kopf, seine großen Ohren schwappten hin und her, und der Elefant sprach: „Du bist viel zu klein, um allein zu sein." Dann rollte er vorsichtig seinen Rüssel um das Affenbaby. „Was soll ich bloß mit dir machen? Wo soll ich dich hinbringen?"

Das Affenbaby konnte noch nicht sprechen, und es war sehr müde. Das Schaukeln im Rüssel hatte das Affenbaby eingeschläfert. Nun träumte es einen allerliebsten Urwaldtraum.
Plötzlich kam ein Schwarm gelb- und rotgefiederter Papageien angeflogen. Die Papageien kreischten schrecklich laut, und sie verkündeten dem Elefanten: „Wir suchen das Baby von Lottchen. Es ist ein kleines Affenbaby, und die Affenmutter hat es beim Beerenpflücken verloren."
Ein Papagei flog auf den Kopf des kleinen Elefanten, und er schrie das alles noch einmal dem kleinen Elefanten in das große Ohr.
„Papagei, warum schreist du so laut? Ich höre gut mit meinen großen Ohren. Schau lieber in meinen langen Rüssel. Na, schau! Siehst du was?"
Natürlich sah der Papagei das Affenbaby, und alle anderen Papageien sahen das Affenbaby von Lottchen auch. Sehr aufgeregt, aber freudig zugleich flogen alle Papageien hoch und kreischten: „Der kleine Elefant hat Lottchens Baby gefunden."
Dann flogen die Papageien zurück, damit die Affenmutter Lottchen nicht länger traurig sein mußte. Der kleine Elefant trampelte gemächlich durch den dichten Urwald. Das Affenbaby hing in seinem Rüssel, und es schlief und träumte immer noch.
Bald kamen fünf Affen auf den kleinen Elefanten zugesprungen. Vorneweg sprang die Affenmutter Lottchen. Als sie den kleinen Elefanten und ihr allerliebstes Baby sah, war Lottchen unsagbar glücklich. Das Affenbaby erwachte nun. Lottchen nahm ihr Baby aus dem Rüssel und sagte: „Danke, danke, lieber Elefant!" Und die Affenmutter gab dem kleinen Elefanten einen herzigen, schmatzenden Affenkuß.

Der Falke und der Sperling

Ein Falke und ein Sperling hatten miteinander Freundschaft geschlossen.
Eines Tages machte der Sperling dem Falken in seiner Wohnung einen Besuch.
„Schön, daß du kommst“, sagte der Falke. „Warte hier in meiner Wohnung ein Weilchen auf mich! Ich will ausgehen und etwas zu essen kaufen.“
Der Falke erhob sich in die Lüfte und schaute suchend nach unten. Da sah der Falke einen Mann des Weges

gehen. Der Mann kam aus einem Metzgerladen, und er hatte ein halbes Kilo Fleisch gekauft. Das Fleisch war säuberlich als ein kleines Paket verpackt. Blitzschnell stieß der Falke nieder und raubte dem Mann das Paket aus der Hand. Dann flog der Falke zurück in seine Wohnung. Der Sperling erwartete sehnsüchtig seinen Freund, und die zwei verbrachten schmausend und trinkend einen vergnügten Tag.
Nach einiger Zeit besuchte der Falke den kleinen Sperling.
„Schön, daß du zu mir kommst", sagte der Sperling. „Warte hier ein bißchen auf mich! Ich will auf die Straße gehen und etwas zu essen kaufen." Und er dachte daran, wie er und der Falke einst das kleine Fleischpaket geöffnet und danach vergnüglich geschmaust hatten.

So flog der kleine Sperling auf die Straße und schaute verlangend zum Metzgerladen. Nach einem Weilchen kam ein Mann mit einem eingeschnürten viertel Kilo Fleisch in der Hand aus dem Metzgerladen. Der kleine Sperling flog zu dem Mann, und er wollte das Paket dem Mann entreißen. Da der Sperling aber so klein und schwach war, konnte er dem Mann das Paket nicht entreißen. Der Sperling saß auf dem Paket mit unruhig flat-

ternden Flügeln, und alles Zerren war vergebens.
Der Mann aber sprach: „Vor einiger Zeit, als ich ein halbes Kilo Fleisch gekauft hatte, hat ein Falke es mir geraubt, und heute kommst du und willst mir dieses viertel Kilo wegnehmen."
Und der Mann schaute sehr böse und grimmig, und er packte den Sperling, riß ihm alle Federn aus und warf ihn auf die Erde.

Inzwischen wunderte sich der Falke, daß der Sperling nicht zurückkam. So flog der Falke aus; und er wollte den Sperling suchen. Er fand den Sperling nackt auf der Straße liegen, und der Falke wollte wissen, was geschehen sei.
Der arme Sperling wollte auf keinen Fall die Wahrheit zugeben und sprach daher: „Ach, Falke, weißt du, der Mann mit dem Fleisch wollte durchaus keine Vernunft annehmen. Da habe ich nicht lange gefackelt, habe schnell meinen Rock ausgezogen und habe den ungezogenen Bengel tüchtig verprügelt."

Der kleine Ziegenreiter

Es war einmal eine alte Hexe, die wohnte auf einem Berg. Kam ein Mensch in die Nähe des Berges, hexte die Hexe ihn in einen Sack hinein.
Zu der Zeit lebte auch ein kleiner Knabe in einem Dorf unterhalb des Berges. Der Knabe hatte nur eine Ziege, und er beschloß eines Tages,zu dem Hexenberg zu reiten.
Als der Knabe zu dem Berg kam, rief die Hexe: „Kleiner Ziegenreiter, kleiner Ziegenreiter, komm schnell herauf zu mir!"

Doch der Ziegenreiter blickte nicht auf, sondern rief: „Komm du zu mir nach unten."
Da blickte die Hexe nach unten und stürzte ganz tief hinab. Die alte Hexe verletzte sich fürchterlich. Der Ziegenreiter sollte sie befreien. Der Knabe erfüllte die Bitte der alten schwachen Hexe, band ein geflochtenes Lasso um den Bauch der Hexe, und dessen andere Ende befestigte er am Sattelgurt der Ziege.
Dann stieg der Ziegenreiter auf sein Reittier und ritt los, bis er die Hexe ganz aus den Felssteinen gezogen hatte. Als sie fast gerettet erschien, sprach die alte Hexe leise zu dem Ziegenreiter: „In meinem Leben war ich zu den Menschen immer sehr böse gewesen. Nun muß ich wohl sterben. Niemals sollst du in deinem Leben einer bösen Hexe begegnen." Dann schloß die Hexe ihre Augen. Der Ziegenreiter band das Lasso los, und er begrub sie anschließend.
Von dieser einmaligen Heldentat erfuhr der König, und er ließ den Knaben zu sich rufen. Der König staunte über den Mut und die Kraft des kleinen Ziegenreiters und setzte ihn zu seinem Erben ein. Und die Ziege durfte von nun an auf dem Schloß leben.

Das Ungeheuer in der Mühle

Es war einmal ein kleines Mädchen. Zusammen mit Mutter und ihrem Vater verbrachte das Mädchen eine glückliche Kindheit. Das kleine Mädchen liebte ihre Mutter von Herzen und half ihr fleißig bei der Hausarbeit. Die Mutter war glücklich darüber.

Eines Winters wurde die Mutter krank. Der Vater und das Mädchen waren voller Sorge. Da wollte der Vater in der eisigen kalten Nacht zum Arzt in das Dorf laufen. Das Mädchen bat aber ihren Vater, bei der kranken Mutter im Hause zu bleiben. Sie wollte den Arzt holen. Mühsam war der Weg durch den hohen Schnee. Endlich war das Mädchen beim Arzt in dem Dorf. Beide gingen sofort zurück in das Haus der kranken Mutter.

Leider kam jede Hilfe zu spät. Die Mutter starb, und das Mädchen und der Vater waren sehr traurig.

Es vergingen die Jahre, das Mädchen wurde älter und dachte oft an ihre liebe Mutter. Eines Tages brachte der Vater eine schnippische Frau in das kleine Haus. Zum Mann war die Frau sehr freundlich, aber das Mädchen haßte sie.

Der Vater des Mädchens war ein Bauer, der auch eine Mühle besaß. Diese Mühle war weder ihm noch einem anderen von Nutzen, denn allnächtlich kam ein Ungeheuer in die Mühle und fraß jeden auf, den es in der Mühle vorfand.

Natürlich erfuhr die Stiefmutter von dem Ungeheuer, und eines Tages schickte sie das Mädchen mit einem trockenen Stück Brot in die Mühle.

Das Mädchen folgte, nahm aber die Angelrute mit, und sie fing im Mühlbach einen dicken Fisch, um ihr bescheidenes Abendessen aufzubessern.

Dann ging sie zum Mühlhaus und ging hinein. In dem Mühlhaus wurde das Mädchen von einem Hahn, einer Katze und von einem Hund freudig empfangen. Die Tiere begrüßten das Mädchen mit Geschnurr, Gebell und Kikeriki. Die drei Tiere waren noch erfreuter, als das Mädchen den Fisch briet und das Abendessen in vier Portionen aufteilte, eine Portion für jeden.

Als das Mädchen, die kleine Katze, der kleine Hund und der Hahn aufgegessen hatten, sperrte das Mädchen die Tür zu, verriegelte die Fenster, damit keiner von draußen hereinkommen konnte.
Das Mädchen war ziemlich schläfrig, aber der Hund fragte besorgt: „Ist die Tür gut zugesperrt, und ist das Fenster gut verriegelt?"
Das Mädchen sagte: „Ja", und gähnte herzhaft.
Da sagte der kleine Hund: „Bleib wach! Bleib wach! Du darfst nicht einschlafen, bevor der Hahn kräht. Falls jemand an die Tür klopft, sollst du keinen einlassen, bevor du nicht einen von uns gefragt hast." Das Mädchen nickte, stimmte zu und gähnte wieder. Dann schlief das Mädchen ein.
Nach einiger Zeit klopfte es an der Tür, und eine rauhe Stimme rief: „Hopp! Hopp! Hopp! Kleines Mädchen, laß mich hinein!"
Das Mädchen fragte den Hund, wer draußen sei und an die Tür klopfe.
Darauf antwortete der kleine Hund: „Draußen steht das Mühlenungeheuer."
Da flüsterte das Mädchen der kleinen Katze zu: „Was sollen wir tun?"
Die kleine Katze antwortete: „Sag dem Ungeheuer, daß du die Tür erst dann öffnest, wenn das Ungeheuer alles Geld hergebracht hat, das es den Leuten stahl und in seiner Höhle versteckt hält."
Die Tiere schliefen wieder ein, und das Mädchen rief mit heller Stimme: „Gut, ich will dir die Tür öffnen. Aber zuerst mußt du alles Geld herbringen, das du in deiner Höhle versteckt hast."
Das Ungeheuer trollte sich und kam nach einiger Zeit wieder zurück. Das Ungeheuer trug einen schweren Sack voller Geld.

Das Ungeheuer klopfte wieder an der Tür, aber das Mädchen sprach: „Oben im Dachboden ist ein Loch, klettere hinauf und werfe das Geld hinunter.“

Das Ungeheuer befolgte die Anweisung und warf das Geld durch das Loch. Viele, viele Goldstücke fielen klirrend auf den Boden, und nun wollte das Ungeheuer in die Mühle, und es wollte zu Abend essen.

Aber da krähte der Hahn: „Kikeriki! Kikeriki!“, und das Ungeheuer dachte, die Sonne gehe auf. Das Ungeheuer verschwand sofort.
Das Mädchen füllte den Korb mit den goldenen Münzen und ging nach Hause. Dort übergab sie das Gold ihrer Stiefmutter und sagte: „Auf dem Boden in der Mühle liegt noch viel mehr Gold.“

„Noch mehr?" schrie die Stiefmutter. „Noch mehr, hast du gesagt?"
Die Stiefmutter raffte Säcke und Körbe zusammen, rannte zu der Mühle hinunter und verbrachte den ganzen Tag damit, die Goldstücke vom Boden einzusammeln.
Am Abend gab sie dem Mädchen einen Korb mit Brot, und sie schickte das Mädchen wieder zur Mühle. Sie hoffte nämlich, daß nun das Ungeheuer das kleine Mädchen fressen würde. Aber die Stiefmutter hoffte auch darauf, daß in dieser Nacht das Ungeheuer dem kleinen Mädchen noch mehr Gold geben würde. Sie konnte sich nicht entscheiden, was besser wäre: Das Mädchen loszuwerden oder mehr Gold zu bekommen.
An diesem Abend saßen wie am vorherigen Abend die kleine Katze, der kleine Hund und der Hahn vor dem Feuer in der Mühle. Das Mädchen hatte auf dem Weg zur Mühle wieder einen Fisch gefangen.
Das Mädchen sperrte die Tür auf, briet den Fisch, teilte das Abendessen in vier gleiche Portionen und verriegelte nach dem Essen das Fenster und sperrte die Tür zu.
Das Mädchen wollte schlafen, als das Ungeheuer an der Türklinke rüttelte und dazu brüllte: „Hopp! Hopp! Hopp! Kleines Mädchen, laß mich hinein!"
Das Mädchen beriet sich wieder mit der Katze und sprach anschließend zum Ungeheuer mit heller, klarer Stimme: „Ja, ich werde dir die Tür öffnen. Aber zuerst mußt du mir alle die anderen Schätze bringen, die du in deiner Höhle versteckt hast!"
Das Ungeheuer entfernte sich und blieb eine lange Zeit weg. Schließlich kam es zurück, und draußen klirrte und klapperte es sehr laut.
Das Ungeheuer schnaufte und keuchte und stolperte unter dem schweren Gewicht seiner Schätze.

„Hopp! Hopp! Hopp! Kleines Mädchen, hier ist alles, was ich besitze. Aber jetzt öffne die Tür!"
Da flüsterte das Mädchen: „Oh, kleiner Hund, was soll ich jetzt tun?"
Da antwortete der kleine Hund: „Sag ihm, daß es das Fenster aufbrechen und die Schätze zuerst hereinwerfen soll."

Das Mädchen befolgte die Anweisung, und das Ungeheuer zerschlug die Fensterscheibe mit seiner großen Faust. Dann begann es seine Schätze hineinzuwerfen. Dazu gehörten herrliche Gewänder, Ballen aus Samt und Seide, silberne Schüsseln, goldene Krüge und Kerzenleuchter, wie man sie nie außerhalb eines Königspalastes zu sehen bekommt.

Das Ungeheuer warf all diese Gegenstände so schnell hinein, wie im Winter der Schnee fällt. Der Haufen in der Mühle wurde immer größer und größer, während der Haufen vor der Mühle immer kleiner und kleiner wurde. Dann schrie das Ungeheuer: „Nun ist Schluß! Mehr habe ich nicht. Jetzt öffne die Tür, kleines Mädchen!"

Da lächelte das Mädchen, der Hahn sprang in stolzer Haltung auf den Tisch, öffnete den Schnabel weit und krähte: „Kikerikiii, kikerikiii!" Der kleine Hund bellte, die Katze miaute, und das kleine Mädchen klatschte in die Hände.

Das Ungeheuer aber flüchtete. Dann hatten das Mädchen, der Hahn, der Hund und die Katze einen Riesenspaß. Sie wühlten in all den wundervollen Sachen herum und putzten sich nach Kräften heraus. Der Hahn steckte sich einen Diamanten an den Kamm, der Hund fand ein Halsband mit Rubinen, die Katze zog einen grünsamtenen Umhang über und spazierte auf und ab.

Und das Mädchen probierte ein schönes Kleid an. „Du siehst in allen Kleidern wunderhübsch aus“, versicherten die drei Tiere.
Und damit hatten sie recht.
Der Vormittag verging, und zu Hause auf dem Bauernhof freute sich bereits die Stiefmutter.
Ja, diesmal hat das Ungeheuer sie verschlungen, dachte die Stiefmutter, nahm einen Sack und lief zur Mühle.
Als die vier in der Mühle die polternden Schritte der Stiefmutter hörten, versteckten sich die kleine Katze, der kleine Hund und der Hahn in Windeseile. Nun stand das Mädchen inmitten der aufgehäuften Schätze.
Vor Wut und Verblüffung kreischend, riß die Stiefmutter dem kleinen Mädchen das Gewand vom Leib, gab ihr eine Ohrfeige, packte das Mädchen am Arm und stieß sie unsanft vor sich her nach Hause. Dort gab sie Befehl, Pferde vor die Karren zu spannen, rief alle Knechte zusammen und kehrte zur Mühle zurück, um alle Schätze heimlich zu holen.
Als die Wagenladung der Schätze schließlich in das Bauernhaus getragen wurde, hatte die Stiefmutter immer noch nicht genug. Und sie beschloß, heute nacht selbst in der Mühle Wache zu halten.
Als es zu dämmern begann, nahm sie einen Korb mit Essen und eine Flasche Wein und maschierte geradewegs zur Mühle.
Die kleine Katze, der kleine Hund und der Hahn saßen wie an jedem Abend in der Mühle auf dem Tisch. Die Stiefmutter mochte diesen Anblick nicht und schrie: „Was fällt euch ein, hier nutzlos herumzusitzen, ihr dummen Biester!“ Und die böse Frau schlug mit einem dikken Holz auf die unschuldigen, lieben Tiere ein.
Gerade wollte die Frau ihr Abendessen alleine verzehren, als ein wuchtiger Schlag die Tür erzittern ließ.

Das Ungeheuer rief: „Hopp! Hopp! Hopp! Alte Dame, laß mich rein!"
„Aber gewiß doch, mein Herr! Ihr seid herzlich willkommen, mein Herr!" rief die Stiefmutter. Sie eilte zur Tür und riß die Tür weit auf.
Da sprang das Ungeheuer mit einem großen Satz in die Mühle, öffnete sein Riesenmaul und schlang die Stiefmutter mit dem Kopf voran in seinen Magen hinunter. Dann gähnte das Ungeheuer, leckte sich zufrieden die Lippen, legte sich vor das Feuer und schlief ein. Nach einiger Zeit trauten sich der kleine Hund, die kleine Katze und der Hahn an das zerbrochene Fenster, und der Hahn krähte: „Kikerikiii, der Morgen naht!" Und der Hund bellte: „Wauwau, wauwau! Die Sonne geht auf!"
Da wachte das Ungeheuer auf, reckte sich und trat durch die offene Tür ins Freie und lief in seine Höhle zurück. Es murrte und brummte vor sich hin, denn das Abendessen war ihm nicht bekommen. Der Bauch tat dem Ungeheuer weh, im Mund hatte es einen bitteren Geschmack, und es starb noch an diesem Tage in seiner Höhle.
Von diesem Tage an lebte das Mädchen wieder glücklich mit ihrem Vater und mit den neuen Freunden, der kleinen Katze, dem kleinen Hund und dem Hahn, auf dem Bauernhof.

Karola geht auf große Fahrt

Bis jetzt war das Schwein Karola mit seinem Leben sehr zufrieden gewesen. Es fand seinen Namen schön, es fand seinen Stall fein, und Karola liebte seinen Nachbarn, ein Schwein, mit dem es grunzen konnte.
Aber auf einmal änderte sich alles.
Der alte Bauer übergab den Hof mit allen Tieren seinem Sohn. Dieser verkaufte das liebe Nachbarschwein, baute kleine Ställe mit hohen Mauern und einer Tür. Dann kaufte er neue Schweine und steckte Karola mit diesen zänkischen Schweinen zusammen. Karola wurde traurig und immer trauriger.

Eines Tages wollte Karola nicht mehr länger bei den bösen Schweinen leben, und es stupste kräftig gegen die Tür und rannte aus dem Stall. Im Schweinsgalopp rannte Karola über die Wiese. Karola rannte so schnell sie konnte in den Wald.
Und im Wald traf Karola den Stallhasen Poppel vom Bauern. Gerne hoppelte Poppel einen Waldspaziergang. Poppel war ein richtiger Scherzhase, und er heiterte die traurige Karola auf: „Von jetzt an gehen wir wie Mann und Frau gemeinsam unseren Weg."
Das taten sie auch, und sie liefen den ganzen Nachmittag, den Abend und die halbe Nacht durch den tiefen Wald.
Dann waren beide müde und schliefen ein.
Am Morgen tippelten und hoppelten sie weiter. Sie kamen aus dem Wald heraus, und sie sahen auf einer Wiese ein halbzerfallenes Häuschen. Neugierig gingen Karola und Poppel dorthin.

Vor dem Haus saß ein junger Mann und besohlte seine Schuhe. Erstaunt sah er auf und fragte: „Was macht ihr hier?“

Karola grunzte laut in hohen und tiefen Tönen. Tatsächlich, der junge Mann konnte alles verstehen, was das Schwein erzählte.

„Schade“, sagte der junge Mann, „sehr schade, daß ihr nicht bei mir bleiben könnt. Ich hätte euch sehr gern behalten. Aber nächste Woche fahre ich mit dem Schiff nach Australien zu meinem Onkel.

Dort werde ich bleiben. Mein Onkel hat eine große Farm, und dort werde ich arbeiten.“

Traurig grunzte das Schwein, und der Hase Poppel schluchzte sogar. Der junge Mann sah die traurigen Augen von dem Schwein und von Poppel. Blitzschnell kam ihm eine Idee.

„Auf der Farm in Australien könnt ihr auch wohnen. Nur muß ich klären, ob ihr zwei mit dem Schiff mitfahren dürft.“

Der junge Mann zeigte seinen neuen Freunden eine große Landkarte von Australien, und vor Freude sprang

der Hase Poppel über das Bein des jungen Mannes direkt auf den Erdteil Australien.
Am nächsten Tag fuhr der junge Mann in die Stadt und sprach mit den Herren im Schiffahrtsbüro.
Und was ist noch zu erzählen?
Der junge Mann ging in der nächsten Woche mit seiner Gitarre, seinen Habseligkeiten und mit seinen Freunden Karola und Poppel zum Hafen.
„Gut werdet ihr in Australien leben. Das verspreche ich euch", sagte der junge Mann, und er hielt sein Wort.